JN411526

인생 대합실

이항기 시선집

인생 대합실

펴 낸 날 2019년 3월 27일

지 은 이 이항기
펴 낸 이 최지숙
편집주간 이기성
편집팀장 이윤숙
기획편집 이민선, 최유윤, 정은지
표지디자인 이윤숙
책임마케팅 임용섭, 강보현
펴 낸 곳 도서출판 생각나눔
출판등록 제 2008-000008호
주　　소 서울 마포구 동교로 18길 41, 한경빌딩 2층
전　　화 02-325-5100
팩　　스 02-325-5101
홈페이지 www.생각나눔.kr
이 메 일 bookmain@think-book.com

• 책값은 표지 뒷면에 표기되어 있습니다.
ISBN 978-89-6489-965-6 (03810)

• 이 도서의 국립중앙도서관 출판 시 도서목록(CIP)은 서지정보유통지원시스템 홈페이지(http://seoji.nl.go.kr)와 국가자료공동목록시스템(http://www.nl.go.kr/kolisnet)에서 이용하실 수 있습니다(CIP제어번호: CIP2019007484).

인생 대합실

이항기 시선집

빈 의자마다 외로움이 수북합니다
좌우 대기자가 시간의 호명 따라 떠나갑니다
전후 대기자가 희망의 나라로 떠나갔습니다
여객들은 외로움 놓고 희망 메고 떠났습니다

생각나눔

머리글

가을을 보내면서 낙엽을 밟다가

“우리 모두는 순간의 삶이다.

다만 정지라는 찰나 위에 있을 뿐이다.”

삶의 아슬아슬한 시련을 극복한 자들아,

신은 그대들을 선택한 것이며,

영원으로 가는 길에 맨손, 맨발만을 무기로 한 알몸이어야 한다.

나는 차마 알몸의 낙엽을 이길 수가 없었다.

사랑하다 깬 후속 꿈은 영원한 미제 사건이다.

귀신도 자기 자식이 깰까 봐 뒤꿈치를 들고 고요 위를 걸어간다.

그늘 속에 더위를 훔친 겨울이 허공을 밟는 순간 가을은 쫓기는 자가 된다.

낙엽도 미완성의 꿈의 길목에 서 있는 길손

세월의 언저리를 어슬렁거리다가 인간과 낙엽이 만났다.

결빙된 암흑의 횡성에 뿌리내린 자.

귀 생명체의 전생이 사람이었다면 신이 억겁 후라도 윤회

라는 보너스를

하사하는 실수를 말기를!

또다시 인간의 출현이 두려운 것이다.

성욕을 유발할만한 봄이란 게 있을라나

그 낙원엔.

|목 차|

제1부

이 가을엔

제2부

여름에 만난 낙엽

제3부

단풍잎

제4부

가을을 보내며

제5부

대합실

제1부

이 가을엔

이 가을엔

이 가을엔 선(線)을 보리라
그 가을이 머무는 계곡
절경의 강 한 듯 수줍어
뒤틀린 곡선을

이 가을엔 색(色)을 탐(貪)내리리라
그 단풍
화려한 농담(濃淡)의 아 우 라를
그 색을 머금는 인내를

이 가을엔 묘(墓)지기가 되리라
지체가 심히 훼손된 낙엽을
책갈피에 묻고 묘지기가 되어
그녀를 위로하는 시를 쓰리라

이 가을엔 확인하리라
불나비들의 날갯짓이 멈추면

사랑은 타고 외로움만 남는 것을
그 불같은 소멸 후의 삭막감을

이 가을엔 나눔을 실천하는 한 해가 되기를
이 가을엔 계절의 여백을 잘라 버리리라
악랄한 겨울이 흰 눈으로 가을을 덮어 버리면 어쩌나!!
거기 사브작이는
여객이 있을 텐데

단 풍

그 가뭇없는
색깔의 연금술이여

기암 기석 괴목아
눈 덮인 겨울엔 누구하고 노나요

아름답고 풍성한 계곡에
님 만나러 왔다가
색동옷 입고서

똘똘 똘똘
달그락 달그락

눈얼음 속 잠수하며 부르는
물거품들의 노랫소리
귀에 걸고 오지요

오! 내 친구 단풍아
당신의 작은 가슴에 묻어둔
큐피드 사랑의 황금 화살이
허공을 향한 미소 한 장으로
상처를 주면 어쩌나

달콤한 사랑의 미로에서
억만 가지 색상의 연출은
신만이 할 수 있는
연금술이라네

아직도 반가사유 중인
허수아비님은
아실라나

사랑의 미로

몸도 마음도
낙엽이 걸어간 길을
따라가고 있네요

낙엽이 화려하면
단풍은 찬란하겠지요

연분홍 꽃 빗발이
봄볕을 넘볼 때쯤이면
삼신할머니가
알몸 옆구리 매달아 주신 짚신 한 켤레

사춘기란 시공 속의 밀서가
조용히 작동되는데
눈앞을 가로막는 미세먼지
세월은 몸살로 나이테를 엮어간다

가슴이 뺄렁 벌렁벌렁
심장이 울렁울렁
온몸이 나른하며 닻을 던져라
눈뜨고 넘어가는 사랑의 스무고개

사춘기의 시공이 폭발하면서
속절없이 썩어가던
당신의 짚신도 전생의 맨발도
지구라는 강제 수용소에서
세월을 엮는 소모품일 뿐
저 장미 빛깔
찐한 립스틱은 누구를 유혹하는가

꺼지지 않는 사랑 발전기

저 모퉁이 돌아가면 저승 가는 길

어머니의 꽃상여 앞길을
황토가 작심하고 두 팔 벌려 막던 길
까치의 조부의 조부 행상 길은
변함없이 곡선인 채
비포장도로가 불편하지 않았다

엄니가 시집와서 상속받은
마당 안마당 봉당에 가득했던
황토 말랭이를 몽당비로 밀어내면서
엄니는 오기인지 푸념과 같이
탁 하고 침을 뱉어버렸지
"그래 누가 이기나 한번 해볼 것이여"
허나 지친 엄니가 황토에게
신발만 빼앗긴 채 맨발로
먼 길을 떠나셨다

저승에 계신 울 엄마는
초가와 황토 말랭이가 없어진 것을 모르시리라
너무나 변한 당신의 고향을
황토 신발이 없어서
찾아오지 못하나요

대문만 열면 보이는
수평선 위의 머뭇거리는
모습을 봅니다

어머니가 주연인 흑백 활동사진
입도 눈도 귀도 코도 모두를 기억에 묶어
젊어지시기에는 버거웠는가
마지막 남은 대사 한마디
"밥 묵 었 니"
원초적 본능이 돌리는
엄마표 사랑 발전기는
꺼질 줄 모르는데

벚꽃 축제

사랑이란 참으로
무모한 행동을 유발하는
그리움인가 보다

수줍어 얼굴 묻고 내숭 떨던 무희들
밤새 웃음 폭탄 장전하고
일출의 햇살 맞아 웃음꽃 활짝 피웠다

연분홍 치마저고리
신토불이 미인들의 군무여

오밀조밀 여백 없는 얼굴
넉넉한 웃음으로 아는 체하는구나

군중에 고속도로 내어준 바람은
비비적이며 오솔길로 사라지고
앞가슴 가린 부채

파르르 떨 때마다
여인들의
볼에
부끄럼만 띄우고
울렁임은
가슴을 더욱
헐겁게 만드는구나.

잔잔한 미풍부터 태풍까지 몰고 다니는
가냘픈 앞가슴이여!

벚꽃과 어스름달

세월의 뜨락에 흩날리는 눈보라 꽃 보라
휘영청 늘어진 가지
바람 놔 주면
와르르 무너지는
일편단심

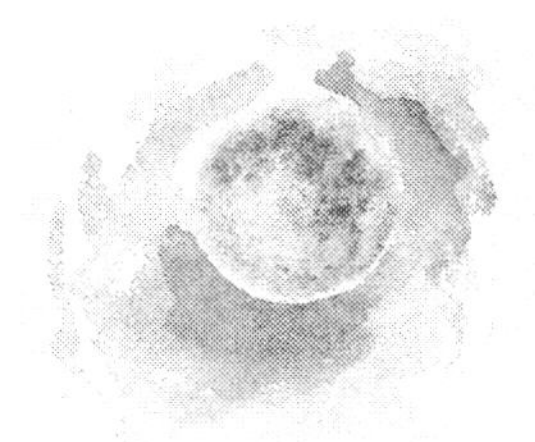

초대장 없어
어슬렁거리던 어스름달
모든 것 다 내려놓고
외로운 낮달로 늙어간다

속살 저미는 측은지심의 여인들아
님 기다리는 사월의 낭자들이여

저문 달밤 안개 속 알몸으로
선택을 갈망하는 벼랑 위의 요정들

억 광년을 달려온 햇빛 알갱이 동자들이
어레미를 통과한다

사람들이 꾸역꾸역 모여들고
불의 씨앗들이 전생의 기억을 반납하면
별들도 청사초롱 불 밝히는데

먼동이 트면 이슬 낭자들은
영롱한 진주를 임신하는데

새벽은
왜 가장자리로만
어스름달을 숨기려는가

새끼 밴 들쥐에게 당부의 말 한마디

봄 같은 겨울 날씨에
마음은 개울가를 서성인다

어떤 상큼한 예감이 다가와
귀와 눈을 동구 밖에 놓으니

개울 윗녘 잠수탄 눈송이들
달그락 달그락
재잘재잘
공기놀이하면서
흐르는 물풍선에 봄 사신
남촌 보내고

잎자루 떼어낸 인고의 흉터만큼
성숙했을 나목들

물수레 물바가지 밟아
봄을 퍼 올린다

논뚝 뙤짱 뿌리 엮은 토담집
새끼 밴 들쥐

봄 냄새에 입덧하면
춘궁기가 걱정인 태아

이웃사촌이 춤춘다

가랑비

하루쯤 류(瑠) 하고자
당신 집을 무단 점령하겠다는
신사적인 자가 있었으니
엄연히 족보상 등재된
소문난 가문의 행차
정인 듯 동인 날아오르는 듯 추락하는
조용히 너무나 조용한
무질서 속의 난무가
물 먼지 속으로 재편되는 과정으로
가슴속에 비바람 불무지의
씨앗을 키우고 있는
바람의 씨마저 통행이 금지된 땅과 하늘 사이
오르지 당신만을 유일하게
통행을 허락한 이유는 뭘까
그것은 촉각으로 느껴지는 비이기 때문이다
축축한 비가 아니고
촉촉한 비 오감 기능을

총동원해야 하기 때문이다
시인은 무량겁의 가슴을 펼쳐놓고
여리디 여린 시심의 싹에 물을 주는 듯
머리카락을 촉촉이 젖어 내려옴을 느낀다
기어코 젖는 걸 잊어버렸나
체온도 도둑맞지 않았다
상류 하류란 사회적 등급 중 상류 등급인
씨-나락이여
속수무책이 누군가의 생채기가 되기 전에
그대들은 선택받은 귀한 몸으로
아픈 기억들을 불러내어 물 위에 놓아주는
무늬없는 가랑비가 있음을
어디에 있건 가랑비가 있는 한
당신의 눈을 적실 것이다

세월의 얼룩

호박이 넝쿨째 구르고
참외가 날 좀 봐유 하며
알몸으로 구르는
비탈밭이 숨 가쁘다

밭갈이 가는 황소
맘 놓고 똥오줌 싸도 부끄럽지 않은
오솔길이 머리만 급히 숨기는 곳

이른 봄부터 삼라만상의 임부들이
몸 푸는 통증이 봄 골짜기에 가득한 곳
문명의 괴물 고층 아파트가
땅따먹기로 민심은 살벌해졌다
그리워라
소똥구리 여치 매미 귀뚜리
너희들 피난처가 어디 메냐
귀하신 몸 추억 망태에 담아

임 그리워 잠 안 오는 밤
같이 울고 웃고 지새울 것을

삿갓 벗어 놓자 행방이 묘연한 개떡배미는
전설로 구전되고
자연의 볼거리와 풀뿌리 나무껍질을 파는
현대판 봉이 김선달의 맛집은
비 온 뒤의 대나무 순처럼 여기저기 우뚝 솟았다

세월의 낙오자
서낭당 할아버지의 재떨이
장죽 때리는 소리
헛기침이 어디 갔느냐

여름으로 가는 길목

지친 봄이 날씨를 붙잡고
엉거주춤 서 있었어
등 너머 앞산의
팔부 능선쯤이었을 것이야

임부들 산후 통증을 작전상 후퇴로
유도하는 조물주의 이유 있는 가혹함은
엄친의 본능이고
포복 중인 녹색 군단이 각개전투로
봄을 쫓는 중이다

바람이 타전하는 전황은
"봄바람에 떨어지는 꽃잎이 연분홍빛으로
콩 볶듯하고
진지는 파죽지세로 함락되다"
이거였다

북향 응달에 한랭전선을

지원군으로 최후 진지를 구축하고

눈꽃으로 여름을 유인하여 동사시키는

심리적 마지노선마저 무너지면

여름이 승전고를 울리리라

언덕 위 토담집

언덕 위 토담집
소유권을 포기한 지 오래되었나 보다
4괘가 문란하다

타작한 나락의 끝 순서인
거친 나락을
키와 바람의 힘으로
알곡과 쭉정이를 분리하듯
황토 분말이 바람에 날려 무질서가 난장판이다

뭐 토담의 붕괴뿐이랴
군데군데 가재도구도 널려있어
소유권은 이미 자연으로 돌아간 듯

아랫목 구들장에는
고양이 똥이 서서히 굳어가고
벽지는 너덜대며 바람 타고 내 건너

묵은 밭에 서 있는 목련화를 살짝 흔들어 놓고
숲속으로 사라진다

창틀은 박살 나서 큰바람이 무사 통과
수평에서 이탈한 검게 그을린 시렁을
거미란 놈이 희망의 눈총을 마구 쏴 대며
인간의 흔적을 없애려고 안간힘을 쓴다

쫓기는 듯한 다람쥐가
돌담이 내어준 구멍으로 황급히 숨어 버리고
어느 기약 없는 날 다람쥐의 꽉 찬 곳간을 보여주면서
이봐, 아저씨!
춘궁기 보릿고개란
말을 들어본 적이 있소?

우울증

내 마음의 헛간에
바람 한 망태 키우고 있지
냉기를 주식으로 키워서인지 울안이 스산하다

언제인가 철들 무렵
허한 마음 한구석에서 떨고 있는 그를
데려다 키운 죄로 가슴의 온기를 빼앗겨야 했고
항상 기밀문서를 봉인한 누런 봉투 같은 얼굴

암호는 입구가 없는 구겨진 미로
열쇠는 당신 마음 깊은 곳에 있다

친구들이 창문을 열려고 열쇠를 넣으면
생각 없이 성대를 마구 울려댑니다
예쁜 아가씨의 소프라노였다가
울림통이 굵은 아저씨의 바리톤도 있습니다

서러운 울음이 성대를 빠져나옵니다
순간적으로 회오리바람이 나타나 헛간을 뒤집어놓습니다
차라리 모두를 반납한
몸을 한 것 비틀어 무언을 짜내고서 있는
분(분) 속의 괴목이 고파
성한 허리를 일부러 썩히고 있습니다

반납한 것은 언어와 웃음 외에 눈빛도 절반은 덤입니다

새깃을 깔고 광풍을 재웁니다
바람이 왔다 갔는데 내 마음은 왜 수십 장의 회색 빛깔 백지뿐입니까
글자를 만들어야 할 언어를 반납했는데 나보고 어쩌란 말입니까
배는 고프지 않습니다
낙서할 언어가 고프다는 말입니다

흰 구름 가는 길

얼룩진 흰 구름
가는 곳을 묻지 마라

억 광년을
그리움에 절은 손수건

지독한 사랑의 허기로다

재 너머 절간
풍경 우는 속내인들
외로움에 지친 그대가 얹어 놓은
사랑이 아니더냐

원래 사랑은 모든 병의 치료제로서
그 처방전은 나눔이다

사랑은 소멸 시효가 없다
쓰면 쓸수록 무진장 발생하며
자투리와 부스러기가 없다
흰 구름도 못다 한 사랑 때문에 웃고 우느라
그토록 많은 하얀 손수건을 적신다
인간의 삶은 진자리 마른자리를 묻지 않는다
사람이 사는 곳에 사랑이 필요하고
나눔이 필요한 것이다
태양을 보라
노을까지도 아낌없이 퍼준 후에
어둠의 이불을 덮는다

자선냄비를 우회하는 꼼수들

자선냄비가 무서워서 우회하는 씩씩한
무표정의 꼼수들

급하고 왁자지껄한 언어들을
설익은 채 허공에 쏟아놓으며

헤쳐 모여를 반복 종종걸음
어디를 가나 연사들의 시국 강연이
인기몰이 제일순위이다

달콤한 인공 조미료로 버무려
허와 실을 가리는 진실 게임은
오리무중인데
시간은 자꾸만 외발로
묵은해를 밀어내고 있구나

오색 치마를 벗겨놓는 저 심술

가을의 아랫목을 장악한 동장군은
계엄령을 선포하였다

날카로운 바람과 칼과 창으로 무장한
삼엄한 날씨가
발가벗은 날들을
가난에 묶어 놓았다

파르라니 떨고 있는
겨울의 오솔길

이름 모를 멧새의 단간 빈 둥지가 앙상한
덤불을 잡고 바람에 항거하는 양
지나가는 마음들을 찢고 있다

순진한 숲의
오색 치마를 벗겨놓는

저 심술을 보라

물안개 이슬 꽃의 만발이
자기들의 업적인 양
콧대를 세우더니
억 광년 달려온 빛발 하나로 와르르
무너지는 은빛 날개여
속살이 보이는
겨울날 오솔길은 을씨년스럽다

얼크니가 되는 것이

세 밑

위대한 태양의 앞을
가리거나 막아서서는 안 되는
자투리 나절들이
몰려오고 있네요

일몰에 쫓기어
서둘러 풀어놓은
파장의 덩달아 행렬들
석양볕 쪼개 들고
“물렀거라 세월아”
악을 써봐도 속수무책이다

무표정의 어원을 가난에서 찾아보란다

문전에서 서성이던 저 퀭한 눈과
헤쳐 모여 반복하는 종종걸음

자선냄비 우회하는 씩씩한
무표정의 꼼수들

급하고 왁자한 언어로
시국을 갉아먹어도
우리 집 김치 맛이 최고로다
달콤한 인공 조미료로 버무린 반찬들

허와 실을 가리는 진실게임은
오리무중인데
시간은 자꾸만 외발로
묵은해를 밀어내고 있다

제2부

여름에 만난 낙엽

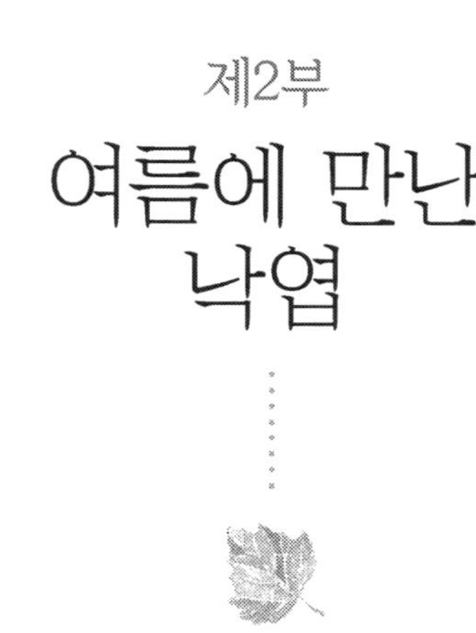

여름에 만난 낙엽 1

바람도 비켜 가고
새들도 외면하는 고목
삭정이가 엉성한 썩은 몸통이 일 년생 잡풀을 보듬는다
혈색으로 보아 영양실조인가보다
앉은 자리 주위에 떨어져 뒹구는
여름 낙엽들
창백한 얼굴 검푸른 입술
생기 잃은 눈동자
난치병이라도 걸렸는가
애 늙은 이파리들
세월의 구렁텅이에 던져진
여름 낙엽들
썩어가누나

돌덩이에 눌린 다리가 아파도 말없이 웃음 짓는
피치 못하는 생로병사의 세파
커지는 마을회관의 위용에 천년의

고목은 작아만 지고
두 손 모으고 머리 숙여 지나가든 길손과
단잠의 둥지의 신세는 언제나 갚으려나
동네 마을회관
옆 천년 묵은 느티나무의 사천오백만 번째
이파리 형제들
난 여름에 낙엽을 밟는다

여름에 만난 낙엽 2

숲 속 큰 나무 밑을 지나다가
떨어져 뒹구는
활엽 이파리들을 만났다
왜 이 풍요로운 시기에
피붙이를 도려내는 아픔을 참는가
봄 여름 내내 배불리 먹지 못했나 보다
안색이 핏기가 없어
누군가 코 풀려고 꺼내다 놓친
때 묻은 손수건 같다
지나가던 토끼가 밟아 발가락 도장도 찍혀있다
자기만은 영원히 잊지 말아 달라고

가만히 들여다보니
누구인가 식량을 빼앗아가고 있다
기아에 허덕이는 북한 주민이 이럴까
헐벗고 굶주린
낙엽은 처량하다

여름에 만난 낙엽 3

낙엽 밟는 촉감
포근하다 느낀 순간
"아얏" 신음이 발등을 타고 뇌리를 스쳤다
죄스러운 마음으로
'시나브로'란 의족을 선사한다
민족의 애환 고개인
아리랑 고개를 잘 넘어가기 바라면서

벌레 먹은 이파리 떨어져 밟히네
갈증 쫓던 두레박
줄이 끊어져 속수무책인 것을
아픈 손가락 축에도 못 끼는 잎새

화려한 단풍은 희망 사항
붉은 립스틱도 바르지 않고
눈썹도 그리지 않아
내용이 없는 희미한 얼굴

세월의 무관심으로

침묵의 고랑에 묻을 등 딱지에 가뭄이 지나다가

왕소금이 돼버린 당신의 베적삼을 언제 벗으려나

압박과 서러움에 철든 애늙은이여

영원한 비밀로 봉합하고

상여도 못 타고 떠나는

여름에 만난 낙엽

시나브로 잘 가시오

여름에 만난 낙엽 4

벌레에 안면 몰수당한 이파리들이
떨어지면서 낙엽임을 증명해보이고 있다
내용이 없는 희미한 얼굴은 믿음이 안 간다

왜 여름 낙엽은 외로움을 주지 않는가
왜 여름 낙엽을 낙엽이라 부르지 않는가
무엇이 단풍으로의 삶을 착취했는가

좋은 부모를 택해서 태어날 수 없지만
기왕에 세상에 태어난 몸
주어지는 기본권의 박탈은 거부한다

숲이 실록으로 독야청청하기 위해서는
아기 실록에서 어른 실록으로
무섭게 하늘로 치솟아야 하는데
수천 형제 이파리 중 약자가 생존경쟁의 패자로서
삶의 현장을 퇴장하는 쓸쓸한 모습이다

구 시월 단풍의 계절에 황금투구와 자켓을 입고
식전 행사 없이 본 행사를 화려하게 하지만
여름에는 입던 옷 입은 채로 부고장도 없는
장례 예식장처럼 소리 소문 없이한다
단풍이고 싶은 여름 이파리들이여
소멸을 유도하는 세월을 탓하지 마라
어차피 늙어 병들면
갈 곳은 한군데뿐인 것을.

사랑의 굴레

가림을 일탈한
여인의 나체에서
육신을 빼면 곡선뿐이다

울컥한 날의 누님이여
당신의 곡선에
몰래 입맞춤할래요

그런 죄로
곡선으로 만든 채찍에 맞는
당신만의 노예가 되고 싶어요

당신의 따끔한 채찍에 절명하고
가쁜 숨소리에 행복을 느끼고
어쩌다 눈이 마주치면
그냥 말없이 감아버릴래요

당신이 쏟아부은 사랑이 넘치도록
그냥 놔둘래요
행복에 흠뻑 젖고 싶으니까요

당신이 자고 일어난 빈방을
내가 청소하도록 허락해주세요
당신의 체취를 쓸어모아 고이 간직하고 싶으니까요

베개에 꼭꼭 숨겨놓은 그리움의 내력을
당신의 베개에게 물어보지 않을랍니다

나는 당신의 아름다운 얼굴을 품고 자는
당신의 베개를 부러워할 뿐입니다

제3부

단풍잎

단풍잎 1

결국 황금 적삼과 잠뱅이를 입으려고
청춘을 불살라버렸구랴

이 세상 못다 핀 봉오리들이여
한 치의 오차도 없는
장인들의 담금질이 방짜 꽃피면 생채기 아문 흉터에
가려움은 내년을 예약하고
날실이 서서 있을 때
씨실이 옆구리 쿡쿡 찔러 사랑을 하고
북이 금침 펴고
바디의 소등으로
단풍은 태어나는 것이다

속절없는 유혹의 나절들과의 결별식이 끝나면
미련 없이 떠나는 것이다

저문 해가 서둘러 노을 자락까지 말아 가면
창가에 점등한 별들은
환송가를 부른다

저 가로등 불빛에 만취한 길손들은
두꺼운 밤을 몽땅 끌어다 덮어도
어이하여 찬 이슬에 젖는가

단풍잎 2

여명의 시야에
한기(寒氣)의 포복 침투가 포착되고
이따금 무릎 관절이 쑤시면
무섭게 치솟기만 하던 실록의 성체도
젖을 떼고 이별을 준비해야 한다

긴긴 엄동의 강을 건너려면
알몸으로 사생결단 내야 하므로
젖꼭지에 바를 쓴 약도 이유식도 없이
생명줄을 걸어야 한다

참가 번호 없는 황금 자켓을 입고
거대한 쇼윈도우의 부동의 미소 작전이
성공으로 끝나가고 있다

열린 사랑방엔 허공이 늦은 길손을 접대하고
창문의 미닫이문을 밀어 닫으며

어느 머슴 낙엽 잠뱅이 속
사타구니의 어두운 심층을 방언처럼 읽는다

단풍잎 한 장이 가을을
짊어지고 무겁게 무겁게
걸어간다.

단풍잎 3

꽃단장 마친 단풍잎들이
벼랑 위에서 파르라니 떨고 있다

소름 끼치다가
미지의 세계에 대한 설렘은
작은 방망이로
심장을 부드럽게 때렸다

꼭 잡은 손 놓는 순간
심술꾸러기 바람 기사
곡예비행을 견뎌야 한다

폭신폭신한 바람의 요를
낙하지점에 깔아 놓았지만
헛수고였다

무사히 안착한 곳이 산 자(生子)들이
제일 무서워하는 저승인 줄을
더군다나
인간이 그토록 악랄한 저승사자라는
사실은 더욱 몰랐으리라

현재 인간들이 사는 이 세상이
단풍에게는 그토록 무서운 저승인 것

단풍이 낙엽 되어 저승에 도착하는 순간
저승사자인 인간들은 악랄한 구둣발로
사정없이 밟 아 버 린 다

단풍아
네가 밟히므로
가을은 저만치서 외롭구나

단풍잎 4

단풍잎도 아닌
낙엽도 아닌
색 바랜 마른 잎이
야윈 가지에 붙어 있다

산들바람이 와서 달래보고
폭풍이 와서 달래봐도
떨어지지 않으려고 서로 안간힘을
쓰는 모습이 너무나 안쓰러웠다

서로를 꼭 껴안은 채
가을이 가고
한겨울 어느 보름달 밤
휘엉청 늘어진 가지마다 걸려있는
삭풍은 울고
창문에 방영하는
흑백 무성영화 한 편

변사는 가고 진혼곡도 그친 지금
단풍잎도 낙엽도 아닌 것이
아직도 서로를 부둥켜안은 채
삭정이가 돼 버린
마른 잎

단풍잎 5

어느 해 가을
감 연시를 봉지에 넣어서
앞산 산책로를 따라 산책을 한
기억을 한다

언덕 위 올라 시야가
넓어지자
내 기억의 문이 열리면서
한 모서리에 표구해둔
산허리가 고층 빌딩으로 변해
으르렁대고 있었다

나는 재빨리
감은 두 눈을 손으로 덮고
주위 빠른 변화에 따른 여백을 넓혀
기억의 문을 잠갔다

감 연시를 꺼내 쭉쭉 빨아 먹다가
생각 없이 "푸" 하고
감씨를 발사해버렸다
준비 안 된 비행물체가 불시착한 곳은
알몸인 채 척박한 돌무지 위

소중한 생명의 씨앗을 함부로 던져 놨으니

갓 파견된 사금파리가
서슬이 시퍼런 칼을 들고
경비하는 삼엄한 삶의 현장

나는 저들의 운명에 무슨 짓을 한 것인가

싹터서 새순이
잘 자라서 훌륭한 단풍나무로
자라기를 바랐던 것 일 까

단풍을 보내며

어깨를 짓누르는 칠흑 같은 밤이 새벽을 부른다

실록의 지구여 휘엉청 하라!
넘치는 바다여 출렁거려라

황금 낙엽이여
구월의 녹음이여
치맛자락이 파르라니 떠는구나

다람쥐 영감이 도토리를 베고 누워 풍년가를 부른다
우리도 행복의 덧저고리를 벗자
나의 어여쁜 이파리들이여

사랑의 덧저고리를 몽땅 뺏어야 행복은 나누어진다

내 품에 안겨봐라
그-런 연후에 우린

너와 나를 겹으로
싣고 있는 행복한 낙엽을 본다

일엽편 두둥실 하며
노는 가락 즐거운 때
폭풍이여 불어라
사랑의 골은 깊어만 간다

먼 동쪽 산 위 전조로
깔려 있는 황금빛 찬란한 카펫

수평선을 박차고 떠오르는 나
늠름한 기상으로 저 카펫을 밟는다
오늘을 짊어진 내가 있을 뿐이다.

낙화의 외침

내 차라리
촉촉한 눈망울에서 글썽거리는
모성애를 찍어내는
어미로 영원하고 싶다

꽃이 미(美)만을 위한 도우미라면
조화와 무엇이 다르겠는가

꽃이 족보에 의한 대를 이어
혈통을 영원히 보전할 수가 있다
음악을 듣고 즐기며 자기의 애무를 좋아한다
꽃은 암수로서 사랑 행위를 할 수 있다

'열아홉 꽃봉오리'
순수하면서도 아슬아슬한 사랑의 대명사
순정의 오솔길로 오세요
'요리조리'로는

사랑이 절박한 꽃이 아니고서는
불가능한 외침이다

수정이 끝난 꽃은 새끼를 위해 축제라는 이름으로
탄생을 축하하고 낙화의 슬픔을 미화하는 것이다

마의 삼각주에서
환영 만찬이 끝나면
추하게 썩어 떨어지는 것이다

신의 대리모로서 역할 분담이 끝나면
마셔야 하는 사약은 누구를 위한 것인가
새끼를 위한 헌신적 모성애
다시 못 올 길로 추방한다는 조건부 태생
낙화는 외친다
왜 화무 십일홍(花無 拾一紅)이어야 하는가

가을을 보내면서

어이하여 너는 모두를 놓고 알몸이 되었느냐

어이하여 너는 휑한 들판 한가운데 서있느냐?

가을 하나 언덕 위에 서있습니다
앙상한 뼈 사이로 바람이 새길을 냈습니다
천둥 번개를 달래던 넓은 가슴은 어디로 갔는가
알몸에다 투명한 외로움을 칭칭 감고 다닙니다

손잡고 다정했던 이웃들은 지금 흩어져 외로움에 묶인 채
서로를 멀리하고
무언가 중요한 것을 잃어버린 것처럼 터덜터덜 걸어갔다
이제 그 시련의 언덕을 북풍이 예리한 칼을 휘두르는 언덕
으로 통과해야 한다
멀리 아득히 멀리 아른거리는 땅속에서 풀뿌리를 제치고
조용히 꿈틀대며 흙을 파헤치며 나오는 알몸의 아지랑이
가 있다 아지랑이는 춥지도 않은가 부럽기 짝이 없다

그렇게도 요란스럽게, 화려하게 축제를 한 이유가 있었다
이러한 축제를 위해 가을은 겨우내
이불 속에서 얼마나 많은 사랑을 속삭이었나 나의 알몸과
너의 알몸이 하나가 되고 싶다
지금 떠나면 너는 어디 가서 사랑의 가슴앓이를 할 것인
가 젖 먹일 갓난아기가 없어 젖꼭지를 만질 때마다 젖이
뚝뚝 떨어진다

가을아 사랑도 허무하더냐 헐렁한 벌판에 혼자 서있구나
쌍갈래 머리를 양쪽 어깨 앞으로 늘어뜨리고 울 넘어 누군
가를 찾고 있는 달덩이 같은 얼굴의
옆집 누나, 나는 그 누나를 짝사랑했었지 들판을 출렁대
던 녹색 물결은 지금쯤 어디쯤 가고 있을까 그녀의 넓은
앞가슴에서 사랑이 출렁입니다 울컥 그 사랑을 만져보고
싶은 생각이
뜀박질을 한다 가을아 너를 보내며 절임 배추가 돼버린 내
마음을 너는 아는가

수수 이삭과 서숙 이삭이 약속이나 한 듯 산들바람에 흥겨워 곱추춤을 추고 있는 들판을 지난
서 노을이 게슴츠레한 눈을 비비며 붉은 눈곱을 떼어내는 손이 떨렸다
저기 지친 가을이 언덕 위 바위틈에서 일박을 한 후 낙엽 한 장 남기고 행방이 묘연했다
가을아 네가 가기 싫어서 머뭇거리다 간 자리에서 너의 외로운 발자국을 나의 추억의 망태에 담아 짊어지고 서산을 내려와 아침 동산에 올라 새로운 희망의 태양을 맞을 것이다

가을아, 쓸쓸한 가을아
가다가 내가 못 잊어 그리우면
강나루 물 나들목 주막에 들리시게
삿갓에 얼굴 묻은 낙엽 한 장 기다릴걸세

가뭇없는 가을

가을은 가뭇없이 사라지고

작년에 왔던 각설이
색동옷 입고 어디를 가시려나

넉넉한 풍요의 황금 손길로
아는 듯 모르는 듯
굴뚝은 연기를 삼키고
온 동네 잔치 벌렸네

시방 계곡은
고운 안개 골라내어
이슬 빚어 꽃구름 띄우고
무지개다리 놓았다네

극한 의미로 억 광년을
빛발 당겨온 부나비들의 날갯짓이
이제 막 신의 능선을 넘어왔다

정한 수 간절한 소망
어머님의 거친 손마디가
고난의 방패막

바람 지나가고
단풍 지고 낙엽 구르고
발자국 희미해지면
가을도
가뭇없이 사라지는가

우리 모두는 상형문자이다

그림을 그립니다

선(線)으로 시작합니다
곡선의 곡선일 수도 있습니다
읽지 말고 그리세요
이름을 불러주세요
푸른 허공에 던진 곡선 한 줄
던진 자가 누구냐에 따라서 상형문자가 달라진다
신이 던지면 여체
밀렵꾼이 던지면 올무
강태공이 호수에 던진 줄은 낚싯줄
어부가 던지면 작살
연필 끝에 꿴 곡선들을 백지 위를 끌고 다닌 흔적의 집합을
연필화 그 집합에 색동옷을 입힌 것을 유채화
우리는 상형문자예요
소는 천둥을 삼켰다가 산등성이에 기대앉아 되새김하면서
상형문자를 만들어 내고 있다

아직도 호적에 등록 안 된 문자들도
숲은 상형문자를 많이 낳아야 암소처럼 행복해질 수가 있다
새끼들의 등을 열심히 핥은 혓바닥을 그려놓고
사랑이라 읽는다
존재하는 모든 생은 의무적으로 상형문자를 만들어 내고 있다
존재를 위하여
나무가 만든 상형문자를 꽃이라 한다

제4부

가을을 보내며

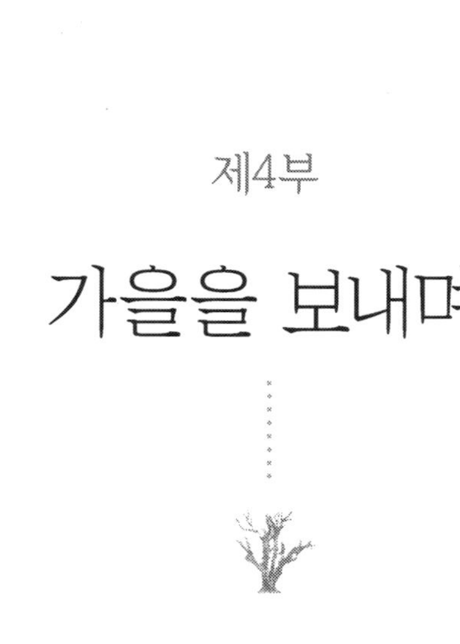

가을을 보내며 1

가을아
너를 맞기 위해 황금 돗자리를 깔았고
보내기 위해 낙엽을 깔아 즈려밟게 하였으니
뒷모습이 쓸쓸한 가을아
언덕 밑의 움막에서 쉬어 감이 어떠냐
소유권을 돌려준 사람은 가고 없다
한사코 길을 막는 싸리문 앞에서 서성이던
저녁노을도 가고 없다

서서히 햇살의 포위망은 느슨해지고
수평선 너머로 퇴각이 끝나면
움막은 인질들을 풀고 자축하겠지

관찰 없이는 뵈지 않는 생의 이웃들
사랑을 나누는 이웃들
때로는 서로 먹잇감이 돼 주던 이웃들
생명의 장단을 불만하거나 슬퍼하던가

순리에 따를 뿐 생사 잔꾀가 없다
가을아
생의 흔적을 남기려는 본능들이 분주하구나
성스러운 사랑의 의무가 먼저인지 따지지 말자
잡초들의 깨알 같은 뇌후의 수다가 눈을 뜨면 검불을 보리라

알몸만 빠져나온 너의 허물

가을아 외로운 가을아!

가을을 보내며 2

나는 너를 잡는다
애절한 마음으로
그리고
간곡히 부 탁 한 다
하루만 쉬었다 가라고

세상물정 모르는 저들의
못다 한 사랑의 애무가 끝날 때까지

가을아 들리느냐
하루살이들의 절규를
사랑
그 원초적 행위와
감각을 분리 말기를

이미 떠난 움막
안방 아랫목 식어가는 구들장도 나눔의 방석으로
이 밤을 지새움이 어떠한가

우리끼리 얘기지만

나의 둘도 없는 가을아 너는 지금 벌거숭이가 아니냐

나눔 잔치가 끝나는 지금 빈손으로 떠나는 이유가 무엇인가

솔직히 말해서

노잣돈은 충분히 가져가겠지

길 떠나면 개고생인 것을

가는 임은 마음이 풍요롭고

오는 임은 보따리가 풍요롭다네

가을을 보내며 3

흑탄두 여러분!
때는 바야흐로 초겨울
햇볕 한 조각을 더 얻기 위해
서리태는
견딜 수 없는 치욕을
참아가며 속옷을 벗었다

논뚝이나 논두렁, 밭뚝이나 밭두렁의 버려진 양지쪽
햇볕의 착륙이 쉬운 곳에
발사대를 설치했다
놀리기에는 아까운 땅에 서리태라는 검은 콩을 심었던 것
서리태는 콩과 콩깍지를 서리와 햇볕으로 냉동과 해동의
담금질로
늠름한 조종사의 기능을 연마하며 때가 되면 반드시 지구
를 박차고
우주의 어느 위성에 날아가 자기들만의
억만년의 터전을 마련하기 위함이다

서리 맞은 서리태 햇볕에 달궈진 억겁의
볕 망치들의 담금질로 햇볕에 말리기를 억만 번
말린 서리태를 된서리에 얼리기를 억만 번
기다리고 기다리던 서리태의 발화점이 한계에 도달하던 날
키다리 패랭이 개망초 등 이웃사촌들의 만류에도 불구하고
만취한 가을의 끝자락을 어깨로 받혀
탄두에 몸을 싣고 계절의 끝자락을 당겼다 놓았다 하며
새로운 우주를 향해 지구를 떠난 후 바둑이네 집에 착륙
한 것이다

바둑이와 흑태는 언어가 통했다
방언과 방언의 대화 우주 공통의 언어 상형문자
흑태와 바둑이의 언어 소통과정을 예의 주시한다
갑작스럽게 세종대왕님의 말씀이 생각난다

나라마다 언어가 달라서
나라 간 소통에……

가을을 보내며 6

앞뜰의 황금벌판에서 자웅을 겨루어 보자던
바람의 어깨들은 서마지기 논배미에 발 도장만 찍어놓고
어디론가 사라졌다
아마도 더 큰 광야로 간 모양이지

돌이켜보면
마당 끝 텃밭에 씨 뿌려 가꾼 무 배추 오이 상추 쑥갓 아욱 등
채소를 쌈 싸 먹든 일이며

계곡의 물이 모여 잠시 쉬었다가는 연못에서 수영도 하고
낚시도 하던 일
방죽에서 쇠풀 뜯기다 해걸음에 맞추어 소꼬리 잡고 도랑 건너다
흥에 겨워 소와 어깨동무하고 콧노래 부르며 오던 일

대문만 열면 개울 건너 펼쳐지는 황금 평양의 가물거리는 마(魔)의 수평선
석양의 왕골 돗자리가 깔리면 세상만사 희 로 애 락을 맞아주는
향수 어린 안식처가 있는 곳

가을아
시방 시국이 몇 시국인 줄도 모르는 철부지
산골짜기 그 고풍스러운 오두막집은 다람쥐가 끌고 가버렸다네
곧 알게 되겠지만
성취 후의 허무 사랑 후의 그리움 외로움 등
존재와 부재 이후의 영원한 혼자임은
나를 슬프게 했지
가을아
말이 없구나!

가을을 보내며 7

나는 삼엄한 냉기의 포위망이
좁혀오는 언덕 위에 섰다

내가 독감의 포로가 되면
마(魔)의 냉기(冷氣)를 마신
살진 여름은 시름시름 열병을 앓다가
불치의 단풍이 되고

내가 손을 들고 항복하면
단풍은
낙엽 지는 비명을 토해내리라

곧 잔인한 인간들의
악랄한 구둣발이 들어 닥칠 것이다
멧새는 매년 이맘때 앓는 몸살에는
약이 없음을 안다

낙엽 따라간 원룸일랑 찾지를 말게나
명년 봄에 새집으로 보상해 준 다 네

나는 봄으로 가는 길 찾아
겨울 속으로 들어가야만 한다
가다가 목이 마르면
강나루 물 나 들 목 주막에 들려
탁주 한잔 달라며 아는 체하면
반겨 줄 걸세

더 가까이서 윈눈을 깜박이면
하루저녁 쉬어 갈 수도 있고
화들짝 미소 한 장이면
정마저 덤으로 가져간 다 네

가을을 보내며 8

나눔이 없는 풍요는 욕심일 뿐이다
나눔이 없는 넉넉함도 욕심일 뿐이다
나눔이 없는 채움은 비만일 뿐이다
행복은 나눔만큼 채 워 진 다
큰 바위 가슴에 청진기를 대보고 싶다
결가부좌하고 우주를 왕래하신 소감이
미소 한 장뿐입니까
발가벗은 네 몸을 골고루 만져 보고 싶다
그리고 깊은 사랑의 늪에 빠져 보리라
삼복에 옷을 수없이 껴입고
혹한에 옷을 벗어 던져 엔 알몸으로
극한에 도전장을 던진 것도 그 얇디얇은
미소 한 장의 힘이었나요
진정 존경합니다
그대를 보냄으로 쓸쓸한 나
가을아 나도 좀 벗기어다오
그대와 동행하기 위해서
벗어야겠다

가을을 보내며 9

이파리들이여 침묵하지 마라
수다 그 자체가 삶이다

침묵하는 날 낙엽이 되리라

삶의 길이는 늙으나
젊으나 잔여량이 같다

불 꺼진 몇몇 꽃다지들의 창가에
밝은 등을 달아라
무서움에 대하여 말하지 마라

체온을 나누면
전부가 산다는 비법을

존재냐 부재냐의
양분된 가을로 웃고 울고 있다

깨진 거울에 비친 자기 얼굴의 난반사로 일그러진
웃음을 상대방의 얼굴이라
우겨서야 되겠는가

꽃단장하고 미소로 생을 놓자
낙엽아 시인에게 생명을 구걸하지 말자
사부작일수 있는 힘이라도 있을 때 펑펑 울자
가을아 너는 침묵하느냐
검은 소매 속의 손가락이 가리키는 대로 가거라
그리고 묻지 마라
이승이 어디 매냐고

가을을 보내며 10

나는 너를 기억한다
유년 시절 봄의 품에서
젖을 먹고 자랐지

너를 짊어지고
서낭당 고갯길을 넘다가
지게를 뻗쳐놓고 빌 었 지

튼실하게 무럭무럭 잘 자라 달라고
해충과 병마에 걸릴까 봐 노심초사했었지

서낭당 왼 새끼줄에 소원을 매달고
자식 같은 나락과 과일을 많이
수확하게 해달라고 빌었지
시루떡을
시루째 바치며
절 한 번으로

사람들은 날강도로 돌변했고
너는 알몸으로 쫓기며 외쳤지
인간들이 신에게 도전장을 던졌어
연중 다수확 위한
인공 수정으로 젖이 성할 날이 없었지

나는 또 외발로 걸었다

가을을 보내며 11

빼앗긴 가을아
당신은 위대한 승자임을 기억하라
터득하였으리라
비웠을 때 나르는 신비를
생의 전부 또는
소유의 전부가 내 것이 아님을

사치와 소유욕은
분재한 생물이다
틈만 보이면
내미는 욕심의 가지를 잘라 줘야 한다

무소유로 가는 길은
사랑의 강을 넘어 피안에 있다
지름길은
내 것 아닌 것을 내려놓는 것이다

혼자 웃고 있는
들국화를 누가 외롭다 할 것인 가
생을 마감한 하루살이의 삶을
누가 단명하다 할 것인가

풀섶의 이슬도
욕심이 지나치면 추락한다

가을아 너의 충직한 머슴인 허수아비
태어날 때 얻어 입은 베 잠뱅이가 넝마가 되었다
속살 보여도 웃을 수 있음은
속을 항상 텅텅 비움에 있지 않을까

가을을 보내며 12

딱하다
언제까지나 단풍과 낙엽이
연기자이고 인간들이 관중인가

눈에 허기는
먹잇감을 찾아 발품을 팔아야 한다

머지않아
눈에 허기를 채우기 위해
벚꽃 축제나 오일장이나
올림픽경기장에 나와야 할 것이다

인간들은
쇼 윈도우 속의 반나체의 알몸상태로
화안한 미소를
덤으로 팔아야 할 것이고

이들을 보기 위해서
새우 주꾸미 짱뚱어가
민박을 신청해야 할 것이다

소멸을 유도하는
인간들을 탓하지 마라

당신들의 보복이 무 섭 구 나

가을을 보내며 13

친애하는 인간이여
힘없이 뒹구는 낙엽을 함부로 밟지 마라
그 낙엽 혹시 너의 열 손가락 중 하나일 수도
상처가 아무는 동안 당신을 증오할 것이다

그대 싸락눈 내리는 오솔길을 포복할 때
성난 눈사람을 만나거든
북쪽으로 돌려보내고
지름길로 가서 새봄을 데리고 와야 한다

점령군의 횡포를 막고
논뚝 터진 옆구리로 논물의 줄행랑을 막아야 한다
곧 돌아올 어린 봄을 위해
젖과 포대기를 준비해야 한다

가을아 내 진정
발자국이 외로운 가을아

알몸의 갓난아기들에게는
명품 기저귀를 입혀야 한다
인간과 살을 섞고 세상을
살아 내 려 면

가을을 보내며 14

이 가을엔 선(線)을 보리라 했었지

가을이 머물던 계곡에서
강한 힘의 용트림과 수줍어 뒤틀린 곡선의 조화를

계곡의 돌 벤치에 앉아 선을 보았지
너는 미(美계)를 만드는 선의 마술사
나는 맞선 보러 나온 지구의 나그네
이미 내 몸은 욕망과 허영의 덧저고리를 입고
질긴 밧줄을 타고 허공을 오르고 있을 때

가을은 내가 입고 있는 욕망과 허영의
덧저고리를 벗겨버렸지
거미줄에 알몸으로 묶인 후 정신을 차렸지
자연은 이미 알몸이 었 어
어느새 벌거숭이 몸으로 숲에 안기고 안아보고
우린 금세 어우러졌어

기암 기석의 가슴을 더듬으며

사분의 삼박자 왈츠를 추었지

계곡의 개울이 끌어올리는 치맛자락에

나는 에스 라인처럼 요동치는

사랑이 외로웠다네

아무래도 나는

가을을 사랑하는가 보네

가을아,

나를 외롭게 하지 마라

가을을 보내며 15

이 가을엔 색(色)을 탐(貪)하리라
그 단풍 화려한 농담(濃淡)의 아우라를
그 색을 머금는 인내를

억만 개 단풍의 가슴에 청진기를 대어 본다
억만 송이 꽃들이 피고 진다
사랑의 색깔도 종류가 억만 가지이면서
새로운 사랑의 색깔이 생겨나고 있다
사랑의 칠색 너머에는 부지기수의 사랑들이 씨앗을
발아하면서 자기만의 독특한 색깔을 만들고 있다
송이와 색깔마다 가슴 깊은 곳에 자기만의 비밀이 있다
억지로 화려하려고 한 것은 인간의 마음을 빼앗기 위함이
었어
덮을수록 훨훨 날아오르는 첫사랑의 색깔
잦은 방아로 돌리는 저녁노을
사랑의 결정체
연금술사의 연금술로 짠 단풍잎

광목도 아니고
비단도 아니고
화학 섬유도 아니고
돌 섬유도 아닌
풀 섶에 매달려 태양을 가두고 있는
영롱한 이슬에서 황금 빛깔만을 채취해
한 땀 한 땀 정성껏 찌르고 끄집어내고 마르고 누비고 주
입하고
사랑과 사랑이 얽혀서
한몸이 되면 단풍이 태어남을 알았지
날실이 씨실을 만나 깊은사랑 끝에 태어난 단풍잎
신비의 연금술사는 없고
황갈색 치맛자락 바람에 나르고
지나가던 바람이 살며시 등 디밀며

저승행 막차요

가을을 보내며 16

보조개

부끄럼 먹고 사는
새악시 볼의 사랑의 씨 무덤
덮을수록 훨훨 타오르는
첫사랑의 순도

여인에게 있어서
사랑의 순도를 등급화할 수 있을까

난 안 된다고 봐
절대루

사랑은 순금과 같고
무한량이니까

가을을 보내며 16-1

낙엽이라 부르지 않으련다

공기 방울 밟으며
여인은 치맛자락을 허공에 날리며
가을아
어여 황금 카펫을 깔아라
왈츠인가 하면 삼바인
정렬의 춤을 추며
추락하는
그녀를 안고 싶다

그녀와 계곡을 걷고 싶다

큰 바위가 어여 오라
미끄러지는 듯 바람 한 폭 보내면
가슴 조이는 곡예비행으로 가을을 숨기고
아닌 듯 서있는 바위는 입이 없구나

가을을 보내며 16-2

비틀거리는 내 발로
네 마음의
절벽을 기어 올라가
입맞춤하고
승리감에
도취하고 싶다

행복한 수다가 없어서
낙엽이 된 가을아
시끄러운
인간들의 수다가 들리느냐
결가부좌하고
명상 중인 큰 바위
당신의 미소를
읽을 수 있는
깨달음을 주시 옵 소 서

가을을 보내며 17

이 가을엔 묘지기가 되리라
지체 심히 훼손된 낙엽을 책갈피에 묻고
묘지기가 되어 나는 생각에 묻히리라

아득히 먼 우주 저편 지구 동쪽을
동경하던 영롱한 별 동자
선몽에 몸을 싣고 이승의 문을 열었으리라
광란의 빛발 퍼붓는 이승은 풍요로웠지
중년에 이르러 삶의 고차원 방정식이 단풍이라는 것을 알았고
계절은 가을이라 호명

옷깃의 스침이 시비의 발단이다
어제의 무관심이 서로에게 외로움을 주었다
이 길에서 십수 년간 옷깃을 스친 자 수없이 많다
우리 서로가 이승의 마지막 인연의 객일 텐데
하고 싶은 말이 무엇인가

그 마지막이라는 말이 내 감정을 자극하는구나
눈인사만 나누었을 뿐 너와 나는 속내까지
교환할 정도의 깊은 관계는 아니었다
얼마나 헤어지기 싫었으면 서로 손잡은 채
삭정이가 되었는가

그 칠흑 같은 밤이 무섭드냐
버티는 단풍잎을 떨어뜨린 바람은 행방이 묘연하다
너는 누구이고 나는 누구이며 어디로 가는가
이거였니?
혹시 책갈피의 미 이 라를 믿었으렸다

나는 왜 미 이 라의 무덤을 건너뛰지 못하는가

고민하리라

가을을 보내며 18

이 가을엔 확인하리라
불나비들의 날갯짓이 멈추면
사랑은 타고 외로움만 남는 것을
그 불같은 소멸 후의 삭막감을.

사랑이 허공의 얼굴을 붉게 물들이고
유골마저 자연으로 돌려보내면
당신의 영혼과 육신이 서로를 작별하는 모습을

그리움의 색깔과 외로움의 벼랑에서
너는 가고 나는 남는 것을

가을아 가 거 라
가거들랑
사랑이 꽃피울
아방궁에 군불을 피워다오

봄을 위해 겨울을 예열하고

계절의 자궁에 가을의 씨를 묻어야겠다

그런 연후에

옷을 벗어야겠다

알몸으로 겨울과 싸우기 위해

가을을 보내며 19

그이
녹색 카펫은 누구를 위하여 깔아놓으셨나요
정작 떠나는 자기는 즈려밟지 못하면서
생전에 입던 빛바랜 깃털을 뽑아 깔고
알몸 맨발로 밟으며 떠나야만 했나요

활짝 열어 놓은 대문에
입춘대길이라 써 붙여 놓고
보란 듯이 당당히 입성하던
어깨들은 어디 갔느냐

한파가 열린 새벽을 막판 굳히기할 때
먼동이 햇살 업고 호명이라도 하는 양
지구촌 안맹들이 눈꺼풀을 번쩍 들어 올렸다

응달에 군불을 지피며 황금 빛깔
참가 번호 호명을 얼마나 기다렸던가

만삭의 산수유 개나리 등 다산 임부들 위로하며
유아들의 진자리 마른자리 가라 뉘시는
부모님들을 생각해 본다

녹음방초 그늘 밑에 소꿉장난 손자들이 그리워
햇빛 담요 끌어다 덮어주던 일이며
이제 모두 내려놓고 벗어 놓아 알몸으로
야위고 앙상하며 수척하고 후줄근한
그이
항상 자신을 을비쳐 보이는 가을
그 겸손함이여!

가을을 보내며 20

낙엽을 밟다가
“모두는 순간이다
다만 정지한 찰나가 있을 뿐이다”

삶의 아슬아슬한 시련을 극복한 자들아
신은 그대들을 선택한 것이며
영원으로 가는 길에
맨손 맨발만을 무기로 한 알몸이어야 한다
가슴 찌르는 사각사각 소리로 완전무장한 낙엽
나는 참아 낙엽을 이길 수가 없 었 다

사랑하다 깬 꿈의 후속편은
영원한 미제 사건이다

모든 탄생은 축복받아야 한다
귀신도 애기가 깰까 봐 뒤꿈치 들고 고요를 걷는다
그늘 속에 더위를 훔친 겨울이 허공을 밟는 순간

가을은 쫓는 자가 된다
낙엽도 미완성의 꿈의 길목에 있는 길손
세월의 언저리를 어슬렁거리며
낙원을 찾아가다가 인간과 낙엽이 만났다
결빙된 암흑의 행성에 뿌리내린 괴생명체의
전생이 사람이었다면
신이 억겁 후라도 윤회라는 보너스를
인간에게 하사하는 실수를 말기를
우리는 곧 도착할 낙원에
인간의 출현이 두려운 것이다

성욕을 유발하는 봄이란 게 있을라나
낙원에는

가을을 보내며 21

계절의 양지쪽에는
낙엽 밟는 소리 쓸쓸하다

가을의 재를 헤치고
유골 거두는
바람의 장송곡마저 처량하다

운명을 겨울에 맡기는 피할 수 없는 운명
가을은 그렇게 말없이 떠나는데
양지의 바위틈에서는 가는 세월 잊은 새싹이
가을이 덮어주는 하루의 마지막 나절에 흠뻑 젖어들고 있었다
날마다 봄날이 아님을 알기 전에 맘껏 즐겨라

허기진 배는 수다로 채워야 배탈이 없다
잦은 방아로 돌리는 한 맺힌 세월
디뎌도 디뎌도

돌확에는

가을은 어디 가고 수다만 쌓이는가

덜커덩덜커덩

저 소리

겨울이 쫓아오는 소리

가을을 보내며 22

가을은 쉬엄쉬엄 걸어가고 있다
발자취만 따라가는 사람들
언제인가 흔적 없이 묻힐 것을

생각의 언저리를 오르내리면서
무뎌지는 기억
희미해지는 가을의 얼굴
지워지지 않는
창안의 얼굴들이여

사랑이 영글수록 해 닮아가네
주렁주렁 보름달 닮아가네
별들도 윙크하며 눈으로 말하네

다 놔 준 가슴 홀가분할 줄 알았네
일상생활에 도움이 안 되던
문간방 진드기 네 딱정이네

겨우내 연탄 대신 웃음뿐이네

뛰던 가슴 텅 빈 몸피 사랑니 돋을 때
두런두런 소곤소곤 왁자지껄 핫하하하
뒤란 소급질 냄비 찌개 바글대던
끈끈한 이웃들

삶의 흙먼지같이 많은 문장을 만들어내던
코찔찔이 똥싸개가 보고 싶다 잠투정도
가을아
너를 보 낸 다

가을을 보내며 23

세월의 하행 길은 급경사다

덩달아 뛰어든
주책없는 저 인간들
찍어놓은 자기 삶의 모양대로
종착역에 도착하리라
그리고는
서둘러 발표하리라
"나는 실패했어" 라고
아직도 종착역은 반나절이나 남았는데
성공과 실패는
촌각과 촌각 사이에 있다

사타구니의 벌레 따라간 눈동자
깊고 어두운 곳일수록
허가 없는 열람은 성추행이다

주어진 운명대로의 길은 있다
눈과 귀 입과 코에 충실하자

가을아
이 고집불통의 가을아
새로운 너를 만나기 위해
너를 보낸다

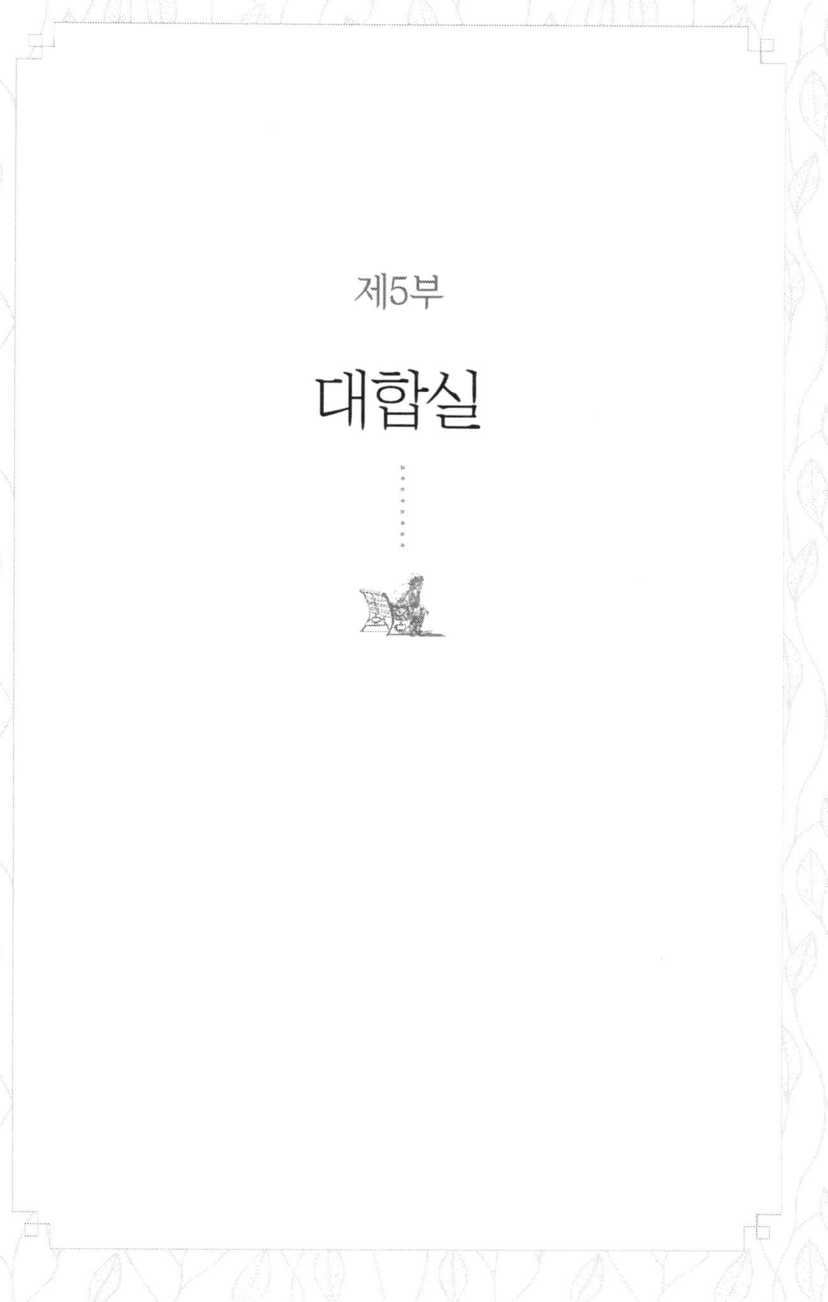

제5부

대합실

대합실 1

우주 행 대합실

진통제를 맞은 구름이
몰려오고 있네요

안면이 붉으락푸르락합니다

마려워 팽팽한 욕구가
폭발할 것만 같아 불안합니다
변덕스러운 날씨로
우주 행 노선이
자주 결항합니다

여보시오
우주항공 여행사지요
명왕성 가는 급한 손님이 있는데요
요강이 필요하답니다

대합실 2

할일없이 대합실을 배회합니다
쓸데없이 승강기를 오르내립니다

외로움 버릴 곳을 찾습니다

빈 의자마다 외로움이 수북합니다
좌우 대기자가 시간의 호명 따라 떠나갑니다
전후 대기자가 희망의 나라로 떠나갔습니다
여객들은 외로움 놓고 희망 메고 떠났습니다

나도 외로움과 같이 빈 의자에 앉아
호시탐탐 기회를 노리고 있었습니다
찰거머리 같은 외로움을 떼어 놓기도 전에
이게 어인 일입니까

예쁜 아가씨가 출구를 떠날 때마다
내 가 슴 엔

외로움이

새록새록 쌓이는 게 아닙니까

가슴에 함박눈이 내립니다

눈사람이 몰려옵니다

대합실 3

눈에 허기는 눈으로
먹어야 채워지는 것

인간은 눈의 허기를 채우려고
눈은 포식을 위해
대합실이나 야구경기장
해수욕장이나 올림픽경기장에 있어야 한다

새우 주꾸미 짱뚱어들은
눈에 허기를 채우려고 육지로 올라와서
민박을 신청할 것이다
눈의
허기가
인간이 걸친 옷보다 인간의 알몸을 극찬하는 날

쇼_윈도우 속의
알몸 인간들은
눈의 허기로 얼마에 팔릴까

대합실 4

유랑자이고 싶은 때마다
심장이 요동친 다 네

이동식 초가삼간을 짊어지고
내 안의 나만이 키우는 파랑새와 동행한다

여객들은 내겐 모두 선망의 대상이었어
모두가 낭만의 블루오션 속의 인어랄까

여백에 달아놓은 많은 주머니에는
무엇이 들어있는가
호기심을 유발한다
나는 주머니 많은 배낭이 좋다

하루의 끝자락이 노을로서 생을 포기한 나절의 꼬리를
잡고
화려한 해돋이 여운을 담보로 백열등은 신이 나서 나체춤

을 추는 사이
태양은 서해 대교를 지나 서해 속 어느 모텔로 몸을 숨겼
다는데

사랑이 막차를 당기면
대합실은 엎질러 버리고

밀물이 써놓은 사랑의 장문을
썰물은 마구 지워 버리는데

기다림은 지워지지 않고

대합실 5

대합실의 시계가
느렸다가 빨랐다 하는 이유는 무얼까

세월은 그 흔해 빠진 초침의
발 도장 하나 덤으로 찍어 놓지 않았어

웃음이 헤픈 통 큰 인간만이 수명을 덤으로 주고
노인에게서는
청춘의 덫만을 거두어 가며 늙은이라 하였다

세월은 또한 마지막 나절의 부스러기마저
무정세월을 청춘 덤으로 허용을 금하였다

요즘에도 혼전 비밀을 가슴에 키우는 사람이 어디 있나

미인 하나 숨길 주머니 한 개 없는 청춘이 어디 청춘이랍
디까

미쳐도 좋을 사람과 밤새도록 망가져 보고
방황하며 알몸으로 엉킨들 누가 뭐라겠는가

인생의 막간을 이용한 덤의 체험장
평택역 대합실로 오세요

가장 무거운 보따리(평택역에서)

빈 의자 없는 대기실
서성이거나
통과하는 객이 많다

앉아 있는 사람이나
통과하는 사람 모두 무겁다

어떤 사람은 배낭이 무겁고
또 어떤 사람은
생각의 보따리가 무겁다

노심초사하는 저 중년
무거운 일 천량(一阡兩)을
어이 짊어지고 가려 하오
웃어 봐요
조건 없이 웃어도
보따리는 가벼워지는데
어이 짊어지고 가려 하오

여름을 짊어진 나그네

대합실에서
여름을 짊어진 나그네를 만났습니다

그는 내게 물었지요
여름 밖으로 나가는 길을 아시오?

어이 묻소이까
불같은 여름을 던져 버리렵니다

그러시다면
지름길이 있소이다
당신의 마음의 문을 열고
마음의 낭떠러지에서
여름을 던지십시오

만약 당신의 가슴에 소름이 돋으면
여름은 밖으로 나간 것이오

그렇지 아니하고

땀이 비 오듯 하면 여름은 당신 곁에 있음이오
알았소이까

표정 없는 힘의 이동

엘리베이터에서
올라갈 때나 내려올 때나
사람들의
뒷머리뿐이다

머릿속의 힘의 이동이
중구난방이다

어디론가 흩어질
생각만 존재한다
그러나

목표를 향한
공통분모가 형성되면
달덩이 같은
얼굴이 표정이 없이
바람을 일으키며 무섭게
전진한다

오르지

모두가

하나의

목표를 향해

출구!

세월의 얼룩

호박이 덩굴째 구르고
참외가 날 좀 봐 하며
고추만을 가린 알몸으로
기어오르는 비탈밭이 숨 가쁘다

밭갈이 가는 황소 맘 놓고 똥오줌 싸도
부끄럽지 않은 오솔길이 머리만 급히 숨는 곳

이른 봄부터 삼라만상의 임부들이
몸 푸는 통증이 봄 골짜기에 가득한 곳

문명의 괴물 아파트가
땅따먹기로 민심은 살벌했다
그리워라
소똥구리 여치 매미 귀뚜리 너희들만이라도
기억의 액자에 표구를 해놓을 것을

삿갓 벗어 놓자 행방이 묘연한
개떡배미는 전설로 구전되고
자연의 볼거리와 초근목피를 파는
현대판 봉이 김선달의 맛집은 우후죽순이다

세월의 낙오자 서낭당 할아버지의
재떨이 장죽 때리는 소리
헛기침이 어디 갔느냐

언덕 위의 토담집

언덕 위의 토담집
소유권을 포기한 지 오래되었나 보다
4괘가 문란하다

거친 나락을 키와 바람으로
알곡과 쭉정이를 분리하듯
황토 분말이 바람에 날려
영원의 문을 열고 허공 속으로 사라진다

토담의 붕괴뿐이랴
군데군데 가재도구도 널려있어
소유권은 이미 자연으로 넘어간 듯

아랫목 구들장에는
고양이의 똥이 서서히 굳어가고
검게 그을린 시렁을 거미란 놈이
새집 설계에 정신이 없다

빈 수레의 바람은
묵은 밭에 서 있는 목련화를
살짝 흔들어놓고
숲속으로 사라지고

무엇인가에 놀란 듯한 다람쥐가
새로운 식량창고 앞에서
곳간을 보여 주며
아저씨
"춘궁기 보릿고개란 말 들어본 적 있소?"

영원으로 가는 사다리

혈통을 고스란히 후대에 물려줄
사명감으로 이 땅에 태어났다

손(孫)이 끊기면 양자를 들여
대를 잇는 극약 처방으로
불효를 빌었지

조물주의 특명으로
모든 암컷에게는 수태 능력과 젖을 주었지
수컷에게는 묻지도 가르친 일도 없지만 원초적 본능만 믿었고
바보들의 놀음이
천기일 줄이야
신은 천기의 접근을 허하지 않았어

원숭이가 장막 속을 몰카로 영상을 훔쳐 본 결과

혈서의 비밀문서 유통과정을 알아냈을 뿐이야
양파의 속치마를 벗기고 알몸인 줄 알고 흥분했으나 아니었어
이를 빌미로 신에게 도전장을 던졌어

신이 움켜쥔 주먹이 다 펴지는 불상사는 없어야 할 텐데
알고 보니
생명은 스스로 태어나는 행위를 못 한다

사랑의 유희로 탄생의 전야제를 마감하면
육신은 신으로부터 영혼을 임차해 태어나고
거두어 감으로서 죽는다는 것이다

우리는 저 위대한 신의 생명 창조의 도우미로 만족해야만 했어
분명한 것은

영원에의 길은

삶의 끝에 있는

사다리를 건너야 한다네

풍문으로 들었네

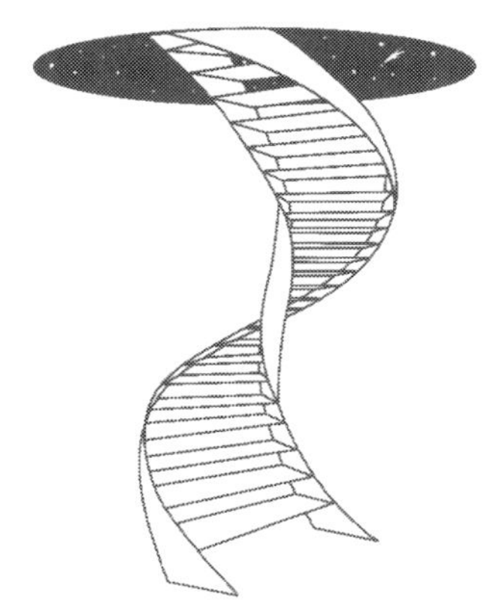

징의 소원

동동당당 딩딩동동
그의 사전(死前)에
자명(自鳴)의 떨림은 없다는
음의 둥근 성대여

너는 날카로운 소음의 난반사였다
사기를 불로 녹여버리고
혼을 깨우는 담금질은 신의 소리를 전수했으며
방짜의 고문은 득음의 명창으로 거듭났다

부나비가 너를 품을
때까지만 해도
지적 장애자인 줄 몰랐다

얻어맞아야 울어주는 피동의 놋그릇
영혼을 불러내는 주술이 있을 줄이야
애원의 예각도 사랑의 팔각도
원으로 평정했는데

극한을 넘어
타악의 반열에 징으로 등극한 너
마지막 울음이 소멸한 후
허한 가슴이 한기(寒氣)로 떨 때
아무 때림 없는 떪이 자명의 시작이기를

딩딩당당 동동당당
불의 씨앗은 스스로 발화한다
지성이면 감천이다

침묵의 저울추

산들바람이 호수를
흔들 때마다
통증을 유발하는 무음의 경련은
물 주름만 만들고

수다 떨던 수초들
밀잠자리가 겹눈 굴려
최면 걸면
물방개는 고요를 약탈한다

햇볕에 말리던
박피는
어디 가고
고요함만 남았느냐

침묵의 저울추가
더도 말고 덜도 말고
조건부 수평인데

우주를 몇 개나 더 올려놔야

고요함을 엎지르는가

육신이 그리운 영혼

생명 하나 늦가을
저녁노을에 잦아들고 있다

동체가 중력을 못 이겨 준비 안 된
몰락은 시작되고

아픔 없는 소멸이 그리 쉬운가
아주 끈적이는
빨강 파랑 노랑 기억일랑
두 눈 동공에 넣어 가시게

돌아온다는 기약 없는 당신
혹시
길을 잘못 들어
언제인가 무한 질주 끝나는 날

그때도 육신이 그리우면

장구아제비 사수하는

고향 습지 천년 묵은 갈대 찾아

하늬바람 편에

살짝 왔다 가시게

낯익은 세월 한 폭

펄 럭 일 걸 세

여행과 희망 사항

여행은 가슴 깊숙이 숨겨놓은 여인과 같이
아무도 모르게 떠나는 나들이였으면 좋겠다

밀 익는 항아리 하나 옆구리 매달면 바랄 게 없고
끝없는 여정이었으면 좋겠고
가끔 인내가 안 되는 애무를 가릴 이파리 한 장 있으면 더욱 좋 겠 다

길옆에 자고 나면 웃어 주는 꽃들
어제와 갈라선 오늘 새벽이라고 아는 체해도 소용없다
떠나야 한다 '나를 두고 어디를 가느냐'며 마당 끝 묵은 밭 지키며 서 있는
새침떼기 목련화의 예고된 부음도 내 마음을 말아올 수 없다
게으른 육신을 달래면서 같이 가야 한다
밟히는 흙, 마시는 공기, 보이는 모든 것에게 어제를 묻지 않는다

어제는 이미 용서받은 과거인 동시에 철거된 오늘이다

어서 가서 자연과 놀고 싶다

애시당초 알몸인 자연은 창세기 이후 지금까지도 알몸이다
오늘 나는 나를 홀리는 모두에게 나의 알몸을 줘버리련다
그리고 나와 저들은 서로가 서로를 포박한 채 환상의 감
정을 공유하리라
치부를 덮는 인간들의 가증스러운 거적떼기를 말아버리고
그들과 엉켜 혼돈의 미래를 탐험하리

산 것 들은 미래를 향해 가야 한다
우리는 세월의 짐짝
나는 차 안에서
그들은 창밖에서
호기심을 타고 줄행랑을 친다
아슬아슬한 미래의 꼬리를 잡고서

허공에 항거하며

로또 당첨 금액을 하룻밤 사이에
날려 보내는 손이 허망해도
그 손이 내 손이었으면 좋겠다

사실 나는 파킨슨병 환자로서
15년간을 병상을 오르내리면서
삶의 배반으로 돈의 노예가 되고
슬픔의 중심에 서서 망가져 본 경험도 있다

나는 얼마 안 되는
아버지로부터의 상속재산을
각서 제출하고 상속을 포기했다

모든 욕심도 내려놓고
아예 생각을 하지 않으니 홀가분하였다

세상의 눈초리는 바보가 되어가는

나의 알몸을 마구 찔러 대고 있다
해마다 수십 번을
생채기마다 새순을 심고
미소라는 방탄 자켓을 입고
치욕 같은 삶을 뚫으러 세상에 나와
허공의 공기를 무한 리필하면서
두 팔 걷어 올리고
하늘을 향해 항거하는 것이다

주인 없는 허공아
탐관오리에게는 무한 리필 말고
고리로 대여함이 어떠냐

피 터지도록 외치고 싶다

기억 밖의 저이들

사월의 언덕에 올라
유월의 계곡을 내려다보고 있었지
나요 나요 나요
무섭게 치솟는 젊음이 있다
재 너머 구월엔 저이들만의 길이 열린다는데
누가 알몸으로
이승의 문을 열라고 했나
늦가을 후줄근한 녹색 정장을
붉은 장삼으로 갈아입고
길 떠날 준비하는 저이들
큰 바위 앞에서 길 비켜달라며
떼쓰다 자기 몸 썩는 줄 모르는 저이들
"여보시오 길손들!
들판 걸어올 때 소똥 굴리는 이들을
못 보 았 쏘 이 까" 그때 그 쇠 풀 뜯기던
나를 기억하겠지요

각종 화살을 알몸으로 맞으며
눈 코 입 귀 마저 내려놓고
저만치 가 있는 저이들
마음의 창가에서 항상
기웃거리는
소똥구리 메뚜기 낙엽군단 저이들은
지금 어디쯤 가고 있을까

체면이 밥 먹여 주나

태양도 추어서 서둘러 지는 동지(同志)
세월은 사람을
폭설에 매장했다

입춘 댁 대문을 활짝 연 머슴아
햇볕만 호명 말고
화로의 불씨를 다독여라

체온을 강탈당한 사람은
딱하다 못해 불상하다
음지가 차압 당하는 햇볕만큼
고리로 떼어가는 체온

구름이 몸서리칠 때마다
눈꽃은 활짝 핀다

예쁜 꽃 앞에서
북풍을 업고 사는 사람들
아부도 삶의 지혜

햇볕을 독차지해서 비만인 나무여
머리 숙일 때 앞지르는
햇볕으로
연명하는 삶 있다

귀신이 무서워하는 것

귀신도 존재한다
존재하는 대부분은 웃을 줄 안다

귀신의 웃음소리를
어떻게 들을 수 있나

귀신도 웃음의 급소는 있다
귀신의 겨드랑이를 간질여 봐라
웃음을 참다가
폭소를 터트릴 것이다
그 폭소를 잘 펴서 산들바람에 말려봐라
방긋 웃는 미소가 된다는 사실을 깨달으리라
미소의
잔주름을
사랑의 다리미로 다리면
동안이 된다는 사실을 아는가

귀신이 제일 무서워하는 것은
황금빛 동안의
갓난아기의 미소이다
아기의 미소는
천사의 마음이기 때문이다

분 재

운명은 타고 나는 게 아니라
누군가에 의해서
만들어지는 것이다

잘난 괴목 잘난 대로 살고
못난 괴목 돈방석 위에 낮잠 잔다

계산기 숫자를 때려가며 선발된 영광 앞에
자유분방한 생각들은 단번에 절단 난다
잘린 영혼과 통증은 그 자리를 못 떠나고

고향 돌아가 족보도 따질 수 없는 몰골
압축은 삶을 주름 깊숙이 묻어놓고
짧은 마디마다 절단된 옹이는 말이 없다

압박과 절제의 극한으로 고고한 침묵

곡선의 미(美)로 위장한
뒤틀려 텅 빈 용트림이여
그 침묵의 시위를 언제 끝나려 하는가

옹색한 사각의 분(盆) 갇혀
결가부좌(結跏趺坐)한 당신
체념의 무덤 앞에
득도의 비(碑)를 세우리라

인간은 주소불명의 탁송물

인간은 종점이 없는 세월에 실린 탁송물
어디서 와서 어디로 가는지
보내는 사람
받는 사람 모두 없다

천둥인지
지진인지
그 누구도 모를
조물주만 알 수 있는
탄생의 괴성 한마디로
세월이란 행선지 없는 열차에
무임승차했다

세월의 안방에
천정만 보고 빈둥대는 식객이었다
간섭하는 사람 없고
마음대로 먹고 쉬고
날마다 청춘인 줄 알았다

무료한 어느 날 주위를 살펴보니

나는 정류장 없는 급행열차에 실려있다

보관 기간 경과된 탁송물로!

곧 세월 밖으로

폐기 처분대상

탁송물로!!

노인의 고뇌

사람은 축복받으며 태어나
모듬 살이 직전
대합실에서 출전 준비운동 끝낸 후
배낭 짊어지고 인생의 길 떠난다네

갓 낳은 아기는
엄마 젖을 먹어야 한다네
진자리 마른자리 갈아 뉘시는
엄마의 사랑은 끝이 없고

철모르던 유년 시절 부모님은
하지 마라 가지 마라 하면서
물가의 아기 엄마처럼 좌불안석이었지

인생의 대합실에서 뒤돌아보면
젊은 날들을 덧없이 흘려보낼 때만 해도
언제나 청춘인 줄 알았고
언제나 봄날인 줄 알았다네

노인은

인생의 대합실에서

세월만 보내고

늙음은 차곡차곡 쌓아 두고 앉아

땔감을 생각하네

저자의 생각

삶이 무엇이냐
내 안에도 불의 씨앗이 묻혀있었다
그것은 꺼지지 않는 불꽃이지만
내 밖을 비추며 이웃과의 나눔에는
어울림이 없 었 다
언제나 그러하듯이 마음만 풍성했지
용기없는 못난이로
이 가을을 또 보냈다

인간의 삶도 생활 형편에 따라 여러 단계인데
여기는 어디쯤이며
또 나는 어느 단계에 속하는가

삶의 기반이 부실한 벼랑에서의
추락을 전전긍긍하면서
어느 자선단체의 배식 창구를 수백 명이 바라본다

사람들의 삶은 천차만별이지만 지금 이 시간만큼은
한솥밥을 먹는다는 이유 하나만으로
삶의 형편이 같아지는 착각의 동아리에 묶이게 된다

삶을 추구하는 방식에서
내 안과 남의 안이 같을 수록
대화의 출발이 자유롭고
서로의 거리는 좁혀진다고나 할까?
여기에 '흥'이라는 윤활유가 궁둥이를 들썩여준다면
우리는 하나가 될 터인데
난 언제나 불쏘시개가 되려나

삶이란 대체 무 엇 이 냐